BEI GRIN MACHT SICH IHR WISSEN BEZAHLT

- Wir veröffentlichen Ihre Hausarbeit,
  Bachelor- und Masterarbeit

- Ihr eigenes eBook und Buch -
  weltweit in allen wichtigen Shops

- Verdienen Sie an jedem Verkauf

Jetzt bei www.GRIN.com hochladen
und kostenlos publizieren

Bibliografische Information der Deutschen Nationalbibliothek:

Die Deutsche Bibliothek verzeichnet diese Publikation in der Deutschen National-
bibliografie; detaillierte bibliografische Daten sind im Internet über http://dnb.d-
nb.de/ abrufbar.

Impressum:

Copyright © 2018 GRIN Verlag
Druck und Bindung: Books on Demand GmbH, Norderstedt Germany
ISBN: 9783346185181

Dieses Buch bei GRIN:

https://www.grin.com/document/888736

Gregor Frick

Trainingslehre II. Erstellung eines Trainingsplans zur Steigerung der Ausdauer für einen 25-jährigen Mann

GRIN Verlag

GRIN - Your knowledge has value

Der GRIN Verlag publiziert seit 1998 wissenschaftliche Arbeiten von Studenten, Hochschullehrern und anderen Akademikern als eBook und gedrucktes Buch. Die Verlagswebsite www.grin.com ist die ideale Plattform zur Veröffentlichung von Hausarbeiten, Abschlussarbeiten, wissenschaftlichen Aufsätzen, Dissertationen und Fachbüchern.

Besuchen Sie uns im Internet:

http://www.grin.com/

http://www.facebook.com/grincom

http://www.twitter.com/grin_com

Deutsche Hochschule für
Prävention und Gesundheitsmanagement
Hermann Neuberger Sportschule 3

Einsendeaufgabe

Fachmodul:　　Trainingslehre II

Studiengang:　　Sportökonomie

Name, Vorname:　　Frick, Gregor

Inhaltsverzeichnis

1 Diagnose

Die Diagnose soll Aufschluss über den Leistungs- und Gesundheitszustand der getesteten Person geben. Zunächst werden hierbei allgemeine und biometrische Daten erhoben, worauf im Anschluss ein passender Ausdauertest durchgeführt wird. Am Ende der Diagnose kann darüber ein Fazit der Belastbarkeit und Trainierbarkeit der Testperson im Ausdauerbereich gezogen und ein passender Trainingsplan erstellt werden. Die getestete Person ist hierbei fiktiv.

1.1 Allgemeine und biometrische Daten

Tab. 1: Allgemeine Daten der Testperson (eigene Darstellung)

Alter	25
Geschlecht	Männlich
Körpergröße	180 cm
Gewicht	80 kg
Trainingsmotive	Körperfettreduktion, Steigerung der körperlichen Ausdauer, Stressabbau
Beruf	Dualer Student
Frühere sportliche Aktivitäten	Fußball, Tennis
Aktuelle sportliche Aktivitäten	Krafttraining
Zeitlicher Verfügungsrahmen	Mal pro Woche, 60 Minuten

Tab. 2: Biometrische Daten der Testperson (eigene Darstellung)

Blutdruck	120/82 mmHg
Ruhepuls	45 Pulsschläge pro Minute
KFA	26 %

Laut Tabelle 3 liegt der Blutdruck der Testperson im optimalen Bereich. Der Ruhepuls liegt laut Tabelle 4 in der Bradykardie und damit im langsamen Bereich. Der Körperfettanteil liegt mit 26% etwas über den Optimalwerten von 15 – 25% bei Männern.

Tabelle 3: Klassifikation der Blutdruckwerte in mmHg (modifiziert nach Mancia et al., 2013)

Bewertungsstufen	Systolischer Blutdruck	Diastolischer Blutdruck
Optimal	Unter 120 mmHg	Unter 80 mmHg
Normal	Unter 130 mmHg	Unter 85mmHg
Hochnormal	130 – 139 mmHg	85 – 89 mmHg
Arterielle Hypertonie Stufe I	140 – 159 mmHg	90 – 99 mmHg
Arterielle Hypertonie Stufe II	160 – 179 mmHg	100 – 109 mmHg
Arterielle Hypertonie Stufe III	> 180 mmHg	> 110 mmHg

Tab. 4: Ruhepuls Tabelle (modifiziert nach Dahm, 2016)

Normokardie (normaler Puls)	Bradykardie (langsamer Puls)	Tachykardie (schneller Puls)
60 – 100 pro Minute	< 60 pro Minute	> 100 pro Minute

Tab. 5: Allgemeiner Gesundheitszustand der Testperson (eigene Darstellung)

Orthopädische Probleme	Keine
Internistische Probleme	Keine
Ärztliche Behandlungen	Keine
Einnahme von Medikamenten	Keine
Sonstige gesundheitliche Einschränkungen	Keine

Nach Kontrolle der allgemeinen und biometrischen Daten, sowie des Gesundheitszustandes der Person kann ein vollumfängliches Ausdauertraining durchgeführt werden. Physische oder psychische Einschränkungen sind nicht gegeben.

1.2 Leistungsdiagnostik

Im Anschluss soll ein geeigneter Ausdauertest auf dem Fahrradergometer ausgewählt werden. Als Test wird der Vita-Maxima-Test gewählt, da sich dieser besonders für gut trainierte Sportler eignet (Rost, 2002, S.53). Sowohl der IPN-Test, als auch der WHO Test sind bei ausgewählter Testperson weniger geeignet, da sich beide Testungen für untrainierte bis normal trainierte Personen eignen. Der Proband wird auf Grund seiner früheren und aktuellen sportlichen Aktivitäten als sehr gut trainierter Sportler eingestuft. Beginnend mit einer Eingangsbelastung von 100 Watt wird die Belastung der Testperson alle 3 Minuten um 50 Watt gesteigert. Zusätzlich wird die Herzfrequenz der Testperson nach jeder Minute gemessen und protokolliert. Der Test wird dabei so lange fortgeführt bis die vollständige Ausbelastung (z.B. Nichteinhaltung der Trittfrequenz) oder die Pulsmindestgrenze von 200 - Lebensalter der Testperson erreicht ist (Rost, 2002, S. 57). Das Testergebnis kann folgendem tabellarischen Protokoll entnommen werden.

Tab. 6: Vita-Maxima-Testprotokoll (eigene Darstellung)

Name: Anonym	Geschlecht: männlich	Alter: 25
Test: Vita-Maxima	Stufendauer: 3 Minuten	Belastungsart: Maximale Belastung
Eingangsbelastung: 100 Watt	Belastungssteigerung: 50 Watt	Trittfrequenz: 80-100 U/min.
Ruhepuls: 48 S/min.	Pulsmindestgrenze: 175 S/min.	Blutdruck: 120/82 mmHg
Datum: 13.12.2018		
Zeit	Watt	Herzfrequenz
0 -3 Minuten	100	HF 1: 52 HF 2: 55 HF 3: 59
3 – 6 Minuten	150	HF 1: 62 HF 2: 65 HF 3: 70
6 – 9 Minuten	200	HF 1: 75 HF 2: 77 HF 3: 80
9 – 12 Minuten	250	HF 1: 83 HF 2: 85 HF 3: 88
12 – 15 Minuten	300	HF 1: 90 HF 2: 91 HF 3: 95

15 – 18 Minuten	350	HF 1: 98
		HF 2: 100
		HF 3: 107
18 – 21 Minuten	400	HF 1: 111
		HF 2: 120
		HF 3: 125
21 – 24 Minuten	450	HF 1: 138
		HF 2: 142
		HF 3: 150
Watt gesamt	450	HF 1: 157
		HF 2: 165
		HF 3: 170
Watt/kg	450/80 = 5,6	
Leistungsbewertung	Leistungssportler	

Insgesamt konnte die Testperson acht Belastungsstufen durchfahren, wobei die Puls-mindestgrenze nicht überschritten wurden. Am Ende der achten Runde konnte die Test-person die vorgegebene Trittfrequenz nicht mehr einhalten, woraufhin der Test beendet wurde. Insgesamt konnte eine Gesamtwattleistung von 450 erfahren werden, woraus sich eine relative Wattleistung bezogen auf das Körpergewicht der Person von 5,6 (450 Watt/80 kg). Vergleicht man diesen Wert mit den Werten aus Tabelle 7 lässt sich die Testperson als Leistungssportler einstufen.

Tab. 7: Normwerte-Vita-Maxima-Test - Relative Watt-Soll-Leistung (Watt pro kg Körperge-wicht) für Männer (modifiziert nach Kindermann, 1987, S. 244-268)

Relative Wattleistung pro kg Körpergewicht	Bewertung
3 Watt	Durchschnittl. Ausdauerleistungsfähigkeit
4Watt	Freizeit – bzw. Breitensportler
5 Watt	Leistungssportler (Ausdauer)
6 Watt	Hochleistungssportler (Ausdauer)

1.3 Gesundheits- und Leistungsstatus der Person

Am Ende der Diagnose kann geschlussfolgert werden, dass die Testperson einen ausge-zeichneten Gesundheits- und Leistungsstatus hat. Durch die sportliche Vergangenheit und die aktuellen Krafteinheiten 3-4 Mal pro Woche ist eine sehr gute Grundfitness gegeben. Dies bestätigte sich in der durchgeführten Leistungsdiagnostik erneut, bei der die Testperson einen Normwert von 5,6 Watt/kg erreichte.

2 Zielsetzung

Auf Basis der erhobenen Diagnose werden für die Testperson drei unterschiedliche Ziele festgelegt, welche die Trainingsmotive Stressabbau und Steigerung der körperlichen Fitness beinhalten. Dabei werden bei jedem Ziel die Parameter Inhalt, Ausmaß und Zeit beachtet, um eine Messbarkeit zu gewährleisten. Im folgenden Abschnitt werden die drei Ziele genau ausgeführt und beschrieben.

Ziel 1: Einbau einiger Trainingseinheiten über den gesamten Mesozyklus von 30 Minuten, um mit Hilfe einer extensiven Dauermethode die Regeneration zu fördern und Stressabbau zu ermöglichen. Die Zielsetzung des Stressabbaus wird über den gesamten 6 wöchigen Zeitraums gesteckt und soll nach subjektivem Empfinden der Testperson, nach Beendigung des Trainingsplanes, eigenständig eingeschätzt werden.

Ziel 2: Steigerung der relativen Wattleistung pro Kilogramm Körpergewicht von 5,6 auf 6,1 innerhalb von 3 Wochen. Ein weiteres Ziel der Testperson ist es, die körperliche Ausdauer noch weiter zu steigern. Durch einen erneuten Vita-Maxima Test nach drei Wochen kann die Leistungssteigerung gemessen werden. Ein weiterer positiver Effekt bei erreichen des mittelfristigen Ziels ist eine erneute Motivationssteigerung der Testperson nach der Hälfte des 6 wöchigen Trainingsplans.

Ziel 3: Drittes und letztes Ziel ist die Senkung des Körperfettanteils von 26% auf 22% innerhalb von 6 Wochen. Die Testperson hat durch ihr regelmäßiges Krafttraining einen muskulösen Körperbau, welcher durch den erhöhten KFA allerdings nicht optimal zur Geltung kommt. Um das optische Erscheinungsbild zu steigern soll der KFA gesenkt werden. Das Ziel wird als Langzeitziel vorgegeben und soll durch eine erneute Messung des KFAs am Ende des Mesozyklus überprüft werden.

3 Trainingsplanung Mesozyklus

Nach Festlegung aller Ziele kann nun zunächst ein grober Mesozyklusplan erstellt werden, welcher im weiteren Verlauf detailliert ausgearbeitet werden soll.

3.1 Grobplanung Mesozyklus

Tab. 8: Grobplanung Mesozyklus (eigene Darstellung)

Mesozyklus	
Dauer	6 Wochen
Trainingsziel	Verbessrung der aerob-anaeroben Fitness
Trainingsmethoden	Extensive Dauermethode
	Intensive Dauermethode
	Intensive Intervall Methode
Trainingsintensitäten	50-75% Hfmax (extensive DM)
	80-85% Hfmax (intensive DM)
	>90% Hfmax (intensive IM)
Trainingshäufigkeiten pro Woche	3
Trainingsdauer pro Trainingseinheit	90 min (extensive DM)
	20 – 45 Minuten (intensive DM)
	15 – 40 Minuten (intensive IM)
Trainingsgeräte	Fahradd, Laufband, Rudergerät

3.2 Detailplanung Mesozyklus

Tab. 9: Detailplanung Mesozyklus (eigene Darstellung)

Woche 1	Montag	Mittwoch	Freitag
Trainingsziel	Entwicklung GA (GA1/GA2)	Entwicklung der GA2	Verbesserung der aerob-anaeroben Fitness
Trainingsmethode	Extensive Dauermethode	Intensive Dauermethode	Intensive Intervallmethode
Trainingsintensität	70 – 80% Hfmax	80 – 85% Hfmax	> 90% Hfmax
Trainingsherzfrequenz	195 S/min	175 S/min	195 S/min
Trainingsdauer	60 Minuten	30 Minuten	15 Minuten
Trainingsgerät	Rudern	Fahrrad	Laufband
Woche 2	Montag	Mittwoch	Freitag
Trainingsziel	Entwicklung der GA2	REKOM	Verbesserung der aerob-anaeroben Fitness
Trainingsmethode	Intensive Dauermethode	Extensive Dauermethode	Intensive Intervallmethode

Trainingsintensität	80 – 85% Hfmax	55 – 60% Hfmax	> 90% Hfmax
Trainingsherzfrequenz	175 S/min	195 S/min	195 S/min
Trainingsdauer	40 Minuten	30 Minuten	15 Minuten
Trainingsgerät	Fahrrad	Rudern	Laufband
Woche 3	**Montag**	**Mittwoch**	**Freitag**
Trainingsziel	Entwicklung der GA2	REKOM	Verbesserung der aerob-anaeroben Fitness
Trainingsmethode	Intensive Dauermethode	Extensive Dauermethode	Intensive Intervallmethode
Trainingsintensität	80 – 85% Hfmax	55 – 60% Hfmax	> 90% Hfmax
Trainingsherzfrequenz	175 S/min	195 S/min	195 S/min
Trainingsdauer	30 Minuten	30 Minuten	15 Minuten
Trainingsgerät	Fahrrad	Rudern	Laufband
Woche 4	**Montag**	**Mittwoch**	**Freitag**
Trainingsziel	Entwicklung der GA2	Verbesserung der aerob-anaeroben Fitness	REKOM
Trainingsmethode	Intensive Dauermethode	Intensive Intervallmethode	Extensive Dauermethode
Trainingsintensität	80 – 85% Hfmax	> 90% Hfmax	55 – 60% Hfmax
Trainingsherzfrequenz	175 S/min	195 S/min	195 S/min
Trainingsdauer	30 Minuten	20 Minuten	35 Minuten
Trainingsgerät	Fahrrad	Rudern	Laufband
Woche 5	**Montag**	**Mittwoch**	**Freitag**
Trainingsziel	Verbesserung der GA2	REKOM	Verbesserung der aerob-anaeroben Fitness
Trainingsmethode	Intensive Intervallmethode	Extensive Dauermethode	Intensive Intervallmethode
Trainingsintensität	> 90% Hfmax	55 – 60% Hfmax	> 90% Hfmax
Trainingsherzfrequenz	195 S/min	175 S/min	195 S/min
Trainingsdauer	15 Minuten	30 Minuten	40 Minuten
Trainingsgerät	Rudern	Fahrrad	Laufband
Woche 6	**Montag**	**Mittwoch**	**Freitag**
Trainingsziel	Verbesserung der aerob-anaeroben Fitness	REKOM	Verbesserung der aerob-anaeroben Fitness
Trainingsmethode	Intensive Intervall-	Extensive Dauerme-	Intensive Inter-

	methode	thode	vallmethode
Trainingsintensität	> 90% Hfmax	55 – 60% Hfmax	> 90% Hfmax
Trainingsherzfrequenz	195 S/min	175 S/min	195 S/min
Trainingsdauer	15 Minuten	30 Minuten	40 Minuten
Trainingsgerät	Laufband	Fahrrad	Rudern
Zusätzliche Angaben zum Intervalltraining	Trainingsherzfrequenz: 195 S/min 120 – 130 S/min (Pause)	Trainingsdauer: 90 Sekunden Belastung, 180 Sekunden Pause angepasst auf die jeweilige Dauer des Trainings	

3.3 Begründung zum Mesozyklus

Der angestrebte Belastungsumfang umfasst 6 Wochen a 3 Trainingseinheiten pro Woche und orientiert sich am angegebenen zeitlichen Verfügungsrahmen der Person (siehe Tab.1). Innerhalb der einzelnen Wochen des Mesozyklus findet ein Wechsel zwischen Belastung und Regeneration statt, um das individuelle Anpassungspotenzial vollständig auszuschöpfen (Neumann, Pfützner & Berbalk., 2007).

Die Trainingsmethoden des Mesozyklusplans enthalten extensive Dauermethoden, sowie ein intensives Intervalltraining. Die extensive Dauermethode soll zum einen die aktive Regeration zwischen den intensiven Intervallmethoden fördern, zum anderen den Stressabbau begünstigen. Die intensive Dauermethode wurde gewählt, um die Ausdauer weiter zu steigern.. Die Hfmax sollte dabei zwischen 75 – 90% liegen und Belastungsdauer zwischen 20 – 60 Minuten andauern (Hottenrot, 1997). Im weiteren Verlauf des Trainingsplans wurde ein intensives Intervalltraining gewählt, um einerseits die körperliche Leistungsfähigkeit zu steigern und andererseits die Fettstoffwechselaktivierung zu erhöhen, was etwa eine Studie von Gaessler, Meyer und Kindermann (2005, S. 265) belegt.

Bei der Belastungsprogression wurde der bekannte Grundsatz Häufigkeit vor Dauer/Einheit vor Intensität gewählt. Da die Testperson nur drei Mal in der Woche zur Verfügung steht kann an der Häufigkeit des Trainings nichts geändert werden. Aus diesem Grund wurde darauf geachtet, dass die Trainingsdauer der IIM-Methode jede Woche gesteigert wird, um eine Progression zu erreichen.

Die Trainingsbereiche im Ausdauersport werden generell in vier Bereiche unterteilt. Den Regenerations- und Kompensationsbereich (REKOM), den Grundlagenausdauerbereich 1, den Grundlagenausdauerbereich 2 und die wettkampfspezifische Ausdauer (Zintl & Eisenhut, 2001). Im Trainingsplan der Testperson wurde ein Mix aus REKOM, GA2 und WSA gewählt. Die REKOM-Methode liegt dabei zwischen 50 – 60% Hfmax (Hottenrot, 2006) und sollte einen Zeitrahmen von 45 Minuten nicht überschreiten (Hottenrott, 1997). Sie dient zum Stressabbau und zur Unterstützung der Erholungsphasen zwischen den GA2 und WSA Bereichen. Die GA2 wurde gewählt, da auf Grund der Testergebnisse bereits von einer guten Grundlagenausdauer ausgegangen werden kann. Das Grundlagenausdauerniveau soll angehoben werden und die aerob-anaerobe Leistungsfähigkeit gesteigert werden (Hottenrott, 2006). Zusätzlich wurde der WSA Bereich in Form einer intensiven Intervallmethode in den Trainingsplan integriert. Dieses sehr spezifische Training soll einen zusätzlichen Anreiz zur Zielerreichung liefern und die bereits sehr fitte Testperson weiter fordern und fördern.

4 Literaturrecherche

Tab. 10: Effekte eines 12-wöchigen Ausdauertrainings auf die körperliche Leistungsfähigkeit und den psychischen Zustand von Patienten mit isolierter systolischer Hypertonie (Meißner, 2011)

Studie 1	Effekte eines 12-wöchigen Ausdauertrainings auf die körperliche Leistungsfähigkeit und den psychischen Zustand von Patienten mit isolierter systolischer Hypertonie.
Durchführung durch	Meißner, R.
Jahr der Publikation	2011
Versuchspersonen	Es wurden 57 Patienten mit isoliertem systolischen Bluthochdruck >140 mmHg untersucht.
Versuchsaufbau	Die Patienten wurden aufgeteilt, wobei 27 Patienten nach einem Eingangstest, bei dem die maximale Wattleistung getestet wurde, ein 12-wöchiges Training auf dem Laufband durchführten. 27 Patienten führten kein Training durch. Die trainierenden Patienten absolvierten ein Intervalltraining, welches wöchentlich anhand

	der Belastungsdauer erhöht wurde.
Ergebnisse und Schlussfolgerungen	Es konnte gezeigt werden, dass innerhalb der Trainingsgruppe eine deutliche Leistungssteigerung um durchschnittlich 44 Watt erzielt werden konnte. Ebenso verbesserte sich der submaximale systolische Blutdruck aller Trainierenden.

Tab. 11: Auswirkungen von Ausdauer- vs. Krafttraining vs. der Kombination Ausdauer-/Krafttraining auf die systemische Hämodynamik, Gefäßelastizität sowie Herfrequenzvariablilität bei Patienten mit arterieller Hypertonie (Bickenbach, 2011)

Studie 2	Auswirkungen von Ausdauer- vs. Krafttraining vs. der Kombination Ausdauer-/Krafttraining auf die systemische Hämodynamik, Gefäßelastizität sowie Herzfrequenzvariabilität bei Patienten mit arterieller Hypertonie.
Durchführung durch	Bickenbach, A.
Jahr der Publikation	2011
Versuchspersonen	55 Patienten mit arterieller Hypertonie.
Versuchsaufbau	Vor Beginn der Tests wurden die Teilnehmer in vier Gruppen eingeteilt. Ausdauergruppe, Krafttrainingsgruppe, Kraft- und Ausdauergruppe, Kontrollgruppe. Alle Gruppen, bis auf die Kontrollgruppe führte im Anschluss ein 12-wöchiges Trainingsprogramm, welches wöchentlich anhand der Intensität und Dauer gesteigert wurde.
Ergebnisse und Schlussfolgerungen	Die Ergebnisse konnten zeigen, dass die Ausdauergruppe die signifikanteste Verbesserung des Blutdrucks vorweisen konnte.

5 Literaturverzeichnis

Bickenbach, A. L. (2012). *Auswirkungen von Ausdauer-vs. Krafttraining vs. der Kombination Ausdauer-/Krafttraining auf die systemische Hämodynamik, Gefäßelastizität sowie Herzfrequenzvariabilität bei Patienten mit arterieller Hypertonie* (Doctoral dissertation, Deutsche Sporthochschule Köln).

Dahm, V. Dr. (2016). *Ruhepuls.* Zugriff am 18.12.2018. Verfügbar unter https://www.netdoktor.de/diagnostik/puls-messen/ruhepuls/

Gaessler, N. Meyer, T. & Kindermann, W. (2005). Ermittlung einer fahrradergometrischen Belastungsintensität mit maximaler Beanspruchung des Fettstoffwechsels. *Deutsche Zeitschrift für Sportmedizin, 56* (7-8), 265.

Hottenrott, K. (1997). *Ausdauertraining. Intellingent, effektiv, erfolgreich* (4. Aufl.) Lüneburg: Wehdemeier & Meyer.

Hottenrott, K. (2006). *Trainingskontrolle mit Herzfrequenz-Messgeräten* (1. Aufl.). Aachen: Meyer & Meyer.

Kindermann, W. (1987). Ergometrie-Empfehlungen für die ärztliche Praxis. *Deutsche Zeitschrift für Sportmedizin* 38 (6), 244-268.

Mancia, G., Fagard, R., Narkiewicz, K., Redon, J., Zanchetti, A., Böhm, M. & Galdersi, M. (2013). 2013 ESH/ESC guidelines for the management of arterial hypertension: the Task Force for the Management of Arterial Hypertension of the European Society of Hypertension (ESH) and of the European Society of Cardiology (ESC). *Blood pressure, 22*(4), 193-278.

Meißner, Romy (2011). *Effekte eines 12-wöchigen Ausdauertrainings auf die körperliche Leistungsfähigkeit und den psychischen Zustand von Patienten mit isolierter systolischer Hypertonie.* Berlin: Medizinische Fakultät Berlin.

Neumann, G., Pfützner, A. & Berbalk, A. (2007). *Optimiertes Ausdauertraining* (5., überarb. Aufl.). Aachen: Meyer & Meyer.

Rost, R. (Hrsg.). (2002). *Lehrbuch der Sportmedizin.* Köln: Deutscher Ärzte-Verlag.

Zintl, F. & Eisenhut, A. (2001). *Ausdauertraining. Grundlagen Methoden Trainingssteuerung* (5. Überarb. Aufl.). München: BLV.

6 Abbildungs- und Tabellenverzeichnis

6.1 Tabellenverzeichnis